# संवेदना की कलम से

शिवम् शाही

BookLeaf Publishing
India | USA | UK

Made with ❤ on the BookLeaf Publishing Platform
www.bookleafpub.in
www.bookleafpub.com

# Dedication

यह उन सभी भावनाओं, संवेगों और लोगों को समर्पित है जिन्होंने इन भावनाओं को जानबूझकर या अनजाने में गढ़ने में मदद की है।

# Preface

"संवेदना की कलम से" एक कविता (संवेदना) संग्रह है जो एक किशोर अपनी युवावस्था में अनुभव करता है, सोचता है और विचलित होता है या खुद को गढ़ रहा होता है। इन कविताओं में आपको भावनाओं के उतार-चढ़ाव मिलेंगे, प्रेम मिलेगा और एक आँच दिखेगी।

ये सारी कविताएँ 2015 से 2017 के बीच में लिखी गई हैं, उम्मीद है आपको पढ़ने में आनंद आएगा।

# Acknowledgements

जीवन के विभिन्न पड़ावों का हार्दिक आभार, वह सौभाग्य जिससे मैं इन भावनाओं को कागज़ पर उतार पाया, और मेरे पीछे जो अद्भुत समर्थन रहा है, उसका भी धन्यवाद।

कुछ आदर्श व्यक्तित्वों का आभार, पहले प्रेम को प्रणाम और जीवन में विभिन्न चरणों पर आई चुनौतियों का सत्कार।

# 1. सुगंध

ये सुगंध–
जो उसके होने से है,
इसी होने से है
विरह की चीत्कार।

तुम्हरे अधरों की नमी से
पुनर्जीवित होते भावनाओं के अवशेष,
बिखरते लफ्ज़,
संकलित होते होंठों का संगम–
है विहंगम दृश्य!

अधरों का ये साधारण स्पर्श,
विसर्जन है एकाकीपन का।

# 2. मैं और तुम

तुम बहती–
श्वेत, अविरल, निर्झर।
मैं नदी तीरे पाषाण–
मेरे ऊपर-नीचे से
खेलती निकलती,
तुम संग ऐसे बीते कई बरस।

अब तोड़ कर विलीन कर दो
अपने तल में।
तुम रंगीन गुब्बारा,
काले आसमान की गहराइयों की,
मैं उसका अक्रिय हवा।

चलो फूट जाएँ
किसी टॉवर से टकराकर।
तुम देवपुत्र कन्या,
मैं मूर्ख बाणभट्ट।

तुम मेरी कविता, मैं अक्षर–
मैं मैं, तुम भी मैं,

तुम तुम, मैं भी तुम।
मैं दामन, तुम दामिनी,
राग मैं, तुम रागिनी।
मैं अशिवम्, तुम शिवम्!

अविरल: निरंतर/लगातार, निर्झर = झरना/अक्रिय= निष्क्रिय/स्थिर,
अशिवम् = अमंगल/अशुभ

# 3. सफेद इश्क़

यह जो तुम्हारा जहान है,
यहाँ भी है, वहाँ भी है।

तुम्हारा रूप, रंग, रस, रास,
यहाँ भी है, वहाँ भी है।

तुम्हारे अधरों के तट से बहता मद,
वो गर्दन के तराश से आँकता कोहिनूर,
सौंदर्य का ये सरोवर जो है वहाँ,
उसकी भीगी खुशबू,
यहाँ भी है, वहाँ भी है।

परंतु, आज जो हम मगरूर हैं,
तो तुम भी चूर हो,
याद तुम्हें भी आ रही,
लकीरें मेरी भी बदल रहीं।

जो आस यहाँ है, पायल के वेग की,
अधरों की अस्थिरता यहाँ-वहाँ भी है।
अब ना तुम यहाँ हो, ना वहाँ हो,

बस वही सफेद इश्क़,
यहाँ भी है, वहाँ भी है!

# 4. मन का द्वंद्व

जब तक रोशनी थी, तुम थी,
आज चाँद जो नहीं, तो तुम भी नहीं।

अब पायल का कोई शोर नहीं,
मन-मस्तिष्क में कोई ज़ोर नहीं।

मैं भी आहत, तुम भी घायल,
मन के द्वंद्व, न है मन के कायल।

तुम बिन शहर सूना तो है, पर,
किरणों ख़ातिर इक कोना तो है।

तुम हमसे रूठे, हमसे रूठे माँ-बाप,
सारा द्वंद्व इक झुनझुना तो है।

सुरमई आँखें, सुंदर गेसू, सुरीली हँसी,
इस जहाँ में दर्द के साधन और भी हैं।

तुम्हारा था, तुम-सा था, तुम्ही में था,
नम मन से पता चला, सितारे और भी हैं।

गेसू = ज़ुल्फ़ें, द्वंद्व = विरोध/दुविधा

# 5. रुलाती है

रुलाती है, सताती है,
और फिर याद आती है।

तूने जो छोड़ा है आँखों में होठों की कहानियाँ,
जो हाथों की लकीरों में हैं तेरी निशानियाँ,
तुम्हारी ज़ुल्फ़ों की ख़ुशबू, कानों की बालियाँ,
अधखुली आँखों की वो बेपरवाह मदहोशियाँ।

वो उँगलियों का लिपटना, रास्तों को पीछे छोड़ना,
बेझिझक हया से तुम्हारी कुछ बातों को बोलना,
तुम्हारी कमर पर मेरी पाक उँगलियों का थिरकना,
वो खुली ज़ुल्फ़ें, खिंची अधरों से मेरी तरफ़ आना।

वो अनकही बातों का तेरा समझना, मुझे समझाना,
याद आती है, सताती है,
और फिर बहुत रुलाती है।

# 6. तब आना तुम

तब आना तुम,
जब हिना का रंग कई दफा
चढ़ कर उतर जाए।
जब अपने बच्चे की खातिर
अबला वात्सल्य प्रेम में बिखर जाए
तब आना तुम,

जब मेरे जुनून जर्जर हो जाए और
मेरे पास बहुत कुछ हो,
दिखलाने को,
बतलाने को,
समझाने को,
तब आना तुम

जब हमारे बीच की खामोशी को
इक उम्र हो जाए,
और ये सफेद इश्क़ भी
अपने इम्तिहान से शर्मसार हो जाए।
तब आना तुम।

जब आना तुम,
आकर लिपट जाना
जैसे चंद लम्हे पहले ही मिले हो।
हवा के रुख की परवाह किए बिना
सांसों को छू लेना
और इस शाश्वत प्रेम को
दीवा की रोशनी में दर्ज करा देना।

# 7. ऐ सावन

ऐ सावन, बूझते इश्क को तनिक हवा दो,
शिथिल पड़े जुल्फों को लहराओ।
देर होने से पहले, अधरों को खींचो,
आँखों को ना सींचो कि
तारे भी टूटकर खिलखिलाने लगें,
सुलगती चिता पर गूंगे रोने लगें।
व लकीरों को खुदा से खौफ रहते,
उनके होठों को मेरी उंगलियों तक लाओ,
ताकि ढाई-आखर जार-जार हो जाए।
जेठ की इस दुपहरी में, ऐ सावन,
उनके अधरों का स्पर्श दे जाओ।

# 8. अधूरापन

ये जेठ की दोपहरी, तन्हाई का पहर,
विरह की अग्नि में जलता है मेरा शहर।
हवा में घुली है उनकी खुशबू की याद,
जैसे कोई भूला हुआ गीत, अधूरा संवाद।

वो रेशमी एहसास, वो भीगी सी रात,
उनकी बाँहों में खोने की थी बात।
अब रेत सी फिसलती है यादें तमाम,
जैसे छूटा हुआ कोई अधूरा पैगाम।

कभी सोचा ना था यूँ बिछड़ना होगा,
प्यार का ये बंधन यूँ टूटना होगा।
अब बस यादें हैं, और यादों का मंज़र,
जैसे कोई छूटा हुआ पथ, अधूरा सफर।

# 9. हमें कहाँ पता है

गहराइयों की जुस्तजू किसे पता है,
हुस्न-ए-गुरूर से होती खता है।
हम तो दिवा के साए से बंधे हैं,
रोशनी क्या है, हमें कहाँ पता है?

मेरी साँसें उधारी चलती हैं उनसे,
जो कभी मेरे कर्जदार हुआ करते थे।
हमारी उजड़ी बस्ती क्षितिज के उस पार है,
आसमाँ मिला कहाँ, हमें कहाँ पता है?

हमारी आरज़ूओं में समंदर आते हैं,
समंदर में मेरी नौका गोते खाते हैं।
हमारी आशाएँ लहरें बनाते हैं,
पर वारि क्या है, हमें कहाँ पता है?

सूर्य की किरणों से खामोशी आती है,
खामोश लम्हें दिल को न भाते हैं।
अब तो शहर से जुगनू भी खत्म हो गए,
अँधेरा क्या है, हमें कहाँ पता है?

# 10. अधूरे प्रेम और संसार

वो किसी का संसार बनना चाहती थी,
किसी का संसार बनाना चाहती थी।
वो मेरे निकट आना चाहती थी,
तभी वो अठारह (18) की हो गई।

शायद तभी वो मुसलमान भी हुई होगी,
तभी प्रेम का भी प्रथम उबाल आया होगा।
वो चार अधूरे होंठ, आज दो ही लफ़्ज़ कह रहे,
आज ही के दिन वो जन्मदिन मनाती थी।

# 11. ऐ बेशर्म चाँद

ऐ बेशर्म चाँद,
तेरी रोशनी खट्टी लगती है,
तुझसे आसमाँ वीरान लगता है।
कल मत आना पेड़ों पर,
मत दिखना उन झरोखों से,
मत लटकना शीशम की टहनी से।

आना तुम,
आना मंदिर की चोटी पर,
जब मुसलमान घंटा बजाए,
धीरे से आना मेरे छत पर,
जब पापा-चाचा एक थाल में खाएं।

तब दिखाना पथ पथिक को,
जब पथ हो दुर्गम, बटोही धैर्यवान।
तब करना रोशन रीमा का आँगन,
जब उसकी साड़ी अधखुली हो।

ऐ बेशर्म चाँद, उसके पहले मत आना,
तब तक तुम नगण्य हो।

# 12. इश्क़ के घोड़े

छोड़ दिए हैं इश्क़ के घोड़े,
संकीर्ण सपनों की सरहद पर।

सहमी अधरें, झुकीं अलकें,
उलझी जुल्फें लिए समेटे, लगी दौड़ने,
ख्वाहिशों की संगी नंगी बस्ती में।

गीले गाल, सूखीं नजरें, रूठीं अधरें,
लिए समेटे लगी दौड़ने,
छोड़ के धूमिल विचारों को।

प्यारा प्यार, भावुक भावनाएँ, तनिक तमन्नाएँ,
लिए समेटे लगी दौड़ने।

रही तलाश करुणा की कश्ती,
देख ही लेंगी नम नजरें,
प्रिय की अधरों पर मुस्कान है हँसती।

# 13. मुस्कान

उड़ गए खामोशी के पर्चे,
चुप्पी के हवा में बन शब्द।
तन गई नजर, खिंच गए अधर,
रहा देखता खड़ा मूक निस्तब्ध।

लगी लहराने हवाओं में बातों की जुल्फें,
मिल गया नीरस नभ को नया नीर।
मिल गई अधरों को दुखने की वजह,
कम हो गए अपनों के पराये पीर।

मनचली मुस्कान नाची पहन पायल,
हो गई बंजर, अलकें सुंदर।
लगी परोसने अधर, बातों के पकवान,
घुलने लगी हवाओं में एक मीठी मुस्कान।

# 14. हताशा

अर्श तक पहुँच भी न पाए कि धागा छूट गया,
चाँद अभी सिक्के सा उछलने वाला था,
और हाथ आया तेरा, साथ छूट गया।

उम्मीदों के आँचल से बाँधे थे अपना काफिला,
अगले पल खुदा से गुफ्तगू होने वाली थी,
टूट न सका काफिला, तो आँचल खुल गया।

अश्कों से बनाए हवा में मकां,
चंद लम्हों में क्षितिज का भेद खुलने वाला था,
अचानक इन घने कोहरों में दम घुट गया।

स्वर्ण वर्णों से पिरोए थे कुछ सशक्त शब्द,
अभी उन शब्दों को गूँगा गुनगुनाने वाला था,
तभी वे दो शब्द, अशब्द बन लुट गए।

बना लाए थे खून से सीढ़ियां दिवाकर तक,
कुछ कदमों में दिवा से आग चुराने वाले थे,
सूर्यास्त हुआ और मेरा सपना अस्त हुआ।

# 15. श्रम-कंठ

तू चीर कर भीड़ की छाती,
निकाल दे वे श्वेत शब्द,
जो अथक, अटूट, अचूक हैं।
कर दे झंकृत पाँवों को, हाथों को,
जेहन को, राहों को, आहों को,
साँसों को, दबी हुई लाशों को,
कर झंकृत, कराहों को।

बन तू प्रचंड पिशाच,
फाड़ दे दिवा की आँच।
लगा हुंकार, मचा हाहाकार,
रुला दे आकाश, काँप जाए ज़मीं।
काट ले दांतों से कुटिल भुजंग,
तेरा चित्त हो आरंभ-अंत,
बन तू श्रम-कंठ।

# 16. दो शब्द

दो अंतहीन विचार,
दो निश्छल धाराएँ,
दो सशक्त सिकंदर,
दो मीठी खुशबूएँ।

दो हसीन हसीं,
दो पल आज व कल,
दो सफल प्रयास,
दो पूर्ण जीत।

दो निष्पक्ष विजेता,
दो बराबर ऊँचाई,
दो समान वाणी,
दो समान नारी।

दो देने वाले,
एक नहीं हो सकते,
हो सकते हैं,
इन सबके लिए।

"दो शब्द"

'शब्द' व 'अशब्द'।

# 17. किसान

उसके दृगों में रुपया, मुनीम, बैल व ज़मीन,
उसके अश्रु की भी चाहत है, बनना अमीर।
पर वो मोटर से नहीं,
ताड़ के पत्तों से चाहता समीर।

हर गली-नुक्कड़ पर है उसका रंग,
उससे आती है एक माटी की सुगंध।
वो तो कर दे सब हरा;
बस कर दो जीवित, मृत हो चुके अंग।

वो अनपढ़, गँवार, उजड़ा, देहाती,
अक्षम है करने में खेती।
कहते हैं वो जिनकी गुड़िया,
रोटी रोज़ाना खाती।

शहर के अहेरियों से है उसकी रंजिश,
फिर भी हो नतमस्तक, वो झुकाता शीश।
हो चुकीं हथेलियाँ काली,
मानो मोटर के धुएँ की हो तपिश।

पर शहर छोड़ेगा न उसकी जागीर,
खींच ही देगा उसके धरा पर लकीर।
छोड़ेंगे उसे सब,
बनाकर अव्वल दर्जे का फ़कीर।

# 18. हमें कहाँ पता है

गहराइयों की जुस्तजू किसे पता है,
हुस्न-ए-गुरूर से होती खता है।
हम तो दिवा के साए से बंधे हैं,
रोशनी क्या है, हमें कहाँ पता है?

मेरी साँसें उधारी चलती हैं उनसे,
जो कभी मेरे कर्जदार हुआ करते थे।
हमारी उजड़ी बस्ती क्षितिज के उस पार है,
आसमाँ मिला कहाँ, हमें कहाँ पता है?

हमारी आरज़ूओं में समंदर आते हैं,
समंदर में मेरी नौका गोते खाते हैं।
हमारी आशाएँ लहरें बनाते हैं,
पर वारि क्या है, हमें कहाँ पता है?

सूर्य की किरणों से खामोशी आती है,
खामोश लम्हें दिल को न भाते हैं।
अब तो शहर से जुगनू भी खत्म हो गए,
अँधेरा क्या है, हमें कहाँ पता है?

# 19. मेरी माँ

पलकें बंद करूँ तो तेरे आँचल का अक्स,
खोलूँ तो घूँघट के बीच,
अभावों में वो खिलता चेहरा।

उन झुर्रियों पर अभावहीन रेखाएँ।
बयाँ करती हैं दुःख और साहस की कलाएँ,
वो दृगों के नीचे काले निशान,
जैसे हों दुश्वारियों की दास्तान।

तेरी वाणी व चाल की शिथिलता,
प्रतिक्षण अभावों पर विजय के लिए मचलता।
ज़रूरत की झाड़ी, मेरी माँ।

जिसने अपने भीगे पलकों से मेरी प्यास बुझाई,
जिसने मुझे मैं बनाकर,
जन्म देने की कीमत चुकाई।

# 20. चाहता हूँ

चाहता हूँ
इस कटोरे को हथेलियों में
जकड़ कर तोड़ दूँ और
इस पर अंकित
सूरज-चाँद-तारों को
अपनी जेब में रख लूँ
जो फटी हो और
ये मेरे पैरों पर गिरें,
मैं इनसे खेलूँ।

चाहता हूँ
उसका श्रम बनना
जिसकी हथेलियाँ कर चुकी हों निराश
और बदल दूँ भाग्य को
अटूट-अखंड-अद्वितीय श्रम से।

चाहता हूँ
दबी आकांक्षाओं को गाड़ कर
नई आकांक्षाओं का निर्माण करूँ
और परिश्रम को वाहन बना,

क्षितिज की सैर करूँ।

चाहता हूँ
बूढ़े की लाठी बनूँ
मज़दूर की पीठ बनूँ
दर्द से आँख-मिचौली खेलूँ
और उसे हरा दूँ।

चाहता हूँ
नेताओं के चीर पर
धब्बा बनूँ और बताऊँ कि
तुम्हारी श्वेता इन धब्बों को
धो नहीं सकती।

चाहता हूँ
उस अप्राप्य मंज़िल की
राह बनूँ जिसमें झुके कंधों वाले
राह और राहगीर अनेक हों।

चाहता हूँ
झंकृत तार बनूँ वीणा का,
जो कंपित कर दे
स्थिर पड़े विचारों को।

चाहता हूँ
इन चाहतों को
चार-चाँद चूमें

और ये चहुँओर
चमचमाते रहें।

# 21. वृद्ध की अभिलाषा

उसकी हथेलियों में बहती वह्नि,
और दृगों में अश्रु।
उसके निभृत आलय पर,
क्लिष्ट की अभ्रांत छाया।

उसके पास, एक सुमुखी अंगजा,
और सुख से करता निवेदन,
"आ, इसका मुख रंग दे।"
पर नेत्राम्बु के सिवा,
दे न सका कुछ उस सुरम्य को।

मृत्यु की मृदा पर, पुलकित वृक्ष,
दुःख-दर्द से सराबोर टहनी पर,
लटका वो वृद्ध।
कहना चाहता है कि,
अभी उसके हौसले नहीं हुए क्षीण।

और एक बार फिर,
वो दुःख के शिखर पर चढ़,
उसे शिथिल करने की अभिलाषा रखता है।

वह्नि = आग, क्लिष्ट = मुश्किल , नेत्राम्बु =आँसू

# 22. बेरंग नग़मे

अपने खामोशी के दिए को बुझाऊँ कैसे?
सिले हुए लबों को आँसुओं से हटाऊँ कैसे?
मैंने तो नग़मों को बना दिया दर्द की तरंग,
इन बेरंग नग़मों में रंग लगाऊँ कैसे?

मैंने तो सतरंग फ़िज़ा में भी देखी है बेरंग अदा,
ज़माने से इन अदाओं को छुपाऊँ कैसे?
लोग मन्नतें और ख़िदमत करते हैं उनकी,
जो बेरंग फ़िज़ा में रहते सतरंग सदा।

जिनके हृदय में प्रेम का सागर उमड़ता है,
उनके अधरों पर खामोशी क्यों है छाई?
जिनके नयनों में आँसुओं की झड़ी लगी है,
उनकी हँसी में ये कैसी रुलाई?

मैंने तो हर मुखौटे के पीछे देखा है दर्द का चेहरा,
हर मुस्कान के पीछे छुपा है ग़म का साया।
अपनी खामोशी को तोड़ दूँ, ज़माने को बता दूँ,
पर इस बेरंग दुनिया में कैसे रंग लगाऊँ?

# 23. हाथों का सार

ऐ किस्मत, जरा अथक देख,
श्रम बिंदुओं से काँप जाएगा,
रेखाएँ हवाओं में लहराती मिलेंगी,
जड़ ज़मीं पर पुश्तैनी मिलेंगी।

ओ किस्मत, अभी तक तो तुमने,
झुकी पलकों खातिर देखा है।
सजल नयनों के लिए तो सरस्वती,
सरस्वती करे सत्कार।

सुनो किस्मत, भोर की बेला में,
मन की मस्त-मंद मुस्कान देखो।
शून्य-दिवा-नभ-चंद्र देखो,
फिर शाश्वत मुस्कान देखो।

अरे ओ किस्मत, तुम हाथ देखो,
हाथों का सार देखो,
सुलगती आलस पर हाहाकार देखो,
अधरों की अथक ललकार देखो।

# 24. राष्ट्र के पांडव

तुम औरों की भाँति चुन सकते थे श्वेत,
तुमने चुना रक्त रंजित पताका!

तुम्हारे पास भी होंठ थे,
चूम सकते थे कोमल अधरों को,
रगड़ लिए होंठ तुमने,
गाँव की माटी में सुलगती अँगीठी पर।
जब घूरा फड़फड़ाती मछली की आँखों को,
भंग हुआ तप ब्रह्मा का।
जब चूमा तुमने श्रम बिंदुओं को,
हलचल हुई क्षीर सागर में।
काटा जो तुमने भुजंग को,
मचल उठा शिव का आसन।
काँपी धरती, काँपा भारत,
जल जब लाल पताका चरम पर।
तुम्हीं जप, तुम्हीं अन्ना,
तुम्हारा भगत, तुम्हारा गांधी।
ये राष्ट्र का गौरव है कि,
तुम राष्ट्र के पांडव हो!

# 25. ऐ दिसंबर

ऐ दिसंबर, तुम मजाज़ के हो क्या?
तुम सरपट भागती ट्रेन के बाहर का कोहरा हो।
कभी-कभी तो तुम गुनगुनी धूप के साथ,
प्रियतम की नाज़ुक अदा लगते हो।

जब स्वर्णिम किरणें टपकती हैं दुधिया चांदनी से,
किसान की छाती पर,
तब दिसंबर तुम प्रियतम की मुस्कान लगते हो।

ऐ दिसंबर,
तुम महज वर्ष से लटके इकतीस दिनों के गुच्छे नहीं,
तुम मेरे प्रिय के सादा मिलन का अद्भुत संयोग हो।
तुम नई लकीरों की जिंदादिल ज्योति हो।

ऐ दिसंबर,
तुम महज मजाज़ के दिसंबर नहीं।